Couverture inférieure manquante

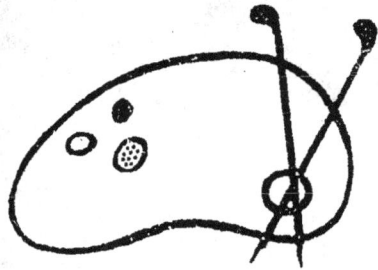

Début d'une série de documents
en couleur

Annales de la Faculté des Lettres de Bordeaux

et des Universités du Midi

QUATRIÈME SÉRIE

Commune aux Universités d'Aix, Bordeaux, Montpellier, Toulouse

XXIᵉ ANNÉE

BULLETIN HISPANIQUE

Paraissant tous les trois mois

TOME I

Nº 3

Juillet-Septembre 1899

A. MOREL-FATIO
L'instruction de Charles-Quint
à son fils Philippe II

Bordeaux :

FERET & FILS, ÉDITEURS, 15, COURS DE L'INTENDANCE

Lyon : Henri GEORG, 36-42, passage de l'Hôtel-Dieu
Marseille : Paul RUAT, 22, rue Noailles ▪ Montpellier : C. COULET, 5, Grand'Rue
Toulouse : Édouard PRIVAT, 45, rue des Tourneurs
Madrid : MURILLO, Alcalá, 7

Paris :

A. FONTEMOING, Libraire des Écoles françaises d'Athènes et de Rome
4, rue Le Goff

(11)

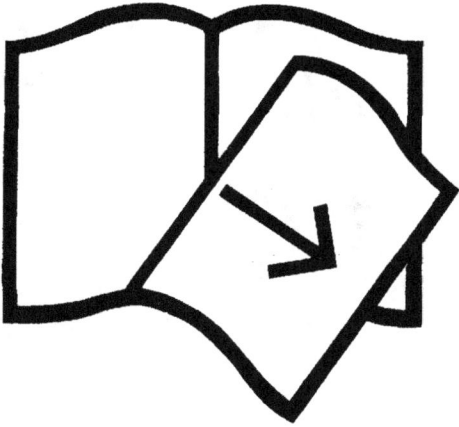

Documents manquants (pages, cahiers...)

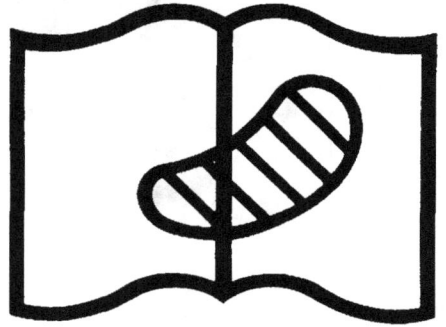

Original illisible

Fin d'une série de documents
en couleur

L'INSTRUCTION DE CHARLES-QUINT

A SON FILS PHILIPPE II

A. MOREL-FATIO.

L'INSTRUCTION DE CHARLES-QUINT

A SON FILS PHILIPPE II

Donnée à Palamós le 4 mai 1543

La conclusion du traité du 11 février 1543 entre Charles-Quint et Henri VIII, en vertu duquel les deux souverains s'engageaient à ouvrir les hostilités contre François Ier, si ce roi ne se soumettait pas aux conditions que les deux alliés prétendaient lui imposer, et, d'autre part, les instances de Ferdinand, très inquiet des progrès des protestants et des menaces du Turc, déterminèrent l'empereur à se rendre en Allemagne pour y diriger personnellement une action politique dont il lui était malaisé de suivre tous les détails en Espagne. Pour assurer la tranquillité de la péninsule pendant son absence, il en commit le gouvernement à son fils, assisté de quelques hauts fonctionnaires, et prit d'autres dispositions concernant la bonne administration du royaume. Après s'être embarqué à Barcelone, le 1er mai 1543, pour l'Italie, sur les galères d'André Doria, Charles-Quint fit une escale de quelques jours (2 mai-12 mai) à Palamós, sur la côte nord de la Catalogne [1]. Ce fut dans ce port, au moment de quitter l'Espagne, qu'il adressa, comme une dernière recommandation, à Philippe II les instructions célèbres, que Gachard n'a pas craint de qualifier de « monuments de sagesse, de prévoyance, d'une expérience consommée dans l'art de gouverner, d'une connaissance profonde des hommes et des choses, qui seuls suffiraient pour placer Charles-Quint au premier rang des politiques de son siècle » [2].

Les instructions de Palamós sont au nombre de deux, la première du 4 mai, la seconde du 6 mai 1543 : cette dernière plus confidentielle que l'autre, — l'empereur lui-même la nomme *secreta*, — sans doute à cause des jugements très libres qui y sont portés sur les principaux personnages de la cour et du gouvernement, quoique la première en contienne aussi, et en même temps divers avis, assu-

1. Jean de Vandenesse, dans la *Collection des voyages des souverains des Pays-Bas*, t. II (Bruxelles, 1874), p. 254.
2. *Biographie nationale de Belgique*, t. III (Bruxelles, 1872), col. 666.

rément fort confidentiels, sur la conduite privée du prince. De bonne heure, dès le milieu du xvi° siècle sans doute, les originaux de ces instructions, jetées à la hâte sur le papier et chargées de ratures et d'additions marginales, furent transcrits par des secrétaires et des amateurs plus ou moins consciencieux : d'où les copies assez nom· breuses qu'en possèdent certaines bibliothèques publiques[1]. En 1788, Antonio Valladares de Sotomayor inséra dans le tome XIV de son *Semanario erudito* l'instruction du 6 mai, d'après une copie très fautive, qu'il corrigea au petit bonheur, y introduisant même des réflexions de son cru, mais où il laissa subsister d'énormes lapsus : il suffit de rappeler qu'il imprime quelque part *Juan Jaura* le nom du cardinal-archevêque de Tolède *Juan Tavera*[2]. Plus tard, Karl Lanz comprit les deux instructions dans son recueil intitulé *Staatspapiere zur Geschichte des Kaisers Karl V*, Stuttgart, 1845, p. 359 et suiv.; son édition détestable, çà et là tout à fait inintelligible, repose sur le ms. de la Bibliothèque de Bourgogne, n° 12898. Ne connaissant d'autre texte imprimé des fameux papiers d'État que celui de Lanz et du *Semanario*, je considérai naturellement comme une très bonne fortune l'apparition imprévue, au mois de janvier dernier, sur le marché parisien, des minutes originales. L'une des pièces, celle du 6 mai, fut proposée à la Bibliothèque nationale, qui ne consentit pas à payer le prix assez élevé (1,500 francs) demandé par le marchand. Celui-ci vendit alors les deux pièces à M. Noël Charavay, qui, au mois de mars dernier, me communiqua l'instruction du 4 mai, — celle du 6 avait été déjà revendue par lui, — m'autorisant à en prendre une copie. Sur ces entrefaites, je reçus d'un jeune érudit belge, M. Eugène Lameere, l'avis que les deux instructions de Palamós avaient trouvé, après Lanz, un autre éditeur dans la personne de W. Maurenbrecher, qui, en 1863, les avait publiées dans le tome III des *Forschungen zur deutschen Geschichte*, et cette fois non pas d'après une copie quelconque, mais d'après les minutes originales du ministère d'État à Madrid. Cette publication dans un recueil essentiellement consacré à l'histoire d'Allemagne au moyen-âge, et où personne, je crois, n'aurait eu l'idée de chercher nos pièces, me révéla deux choses : d'abord l'utilité d'une nouvelle édition, Maurenbrecher, peu familier avec la langue espagnole et l'écriture de Charles-Quint, ayant commis dans sa transcription nombre de fautes

---

1. Bibl. nat. de Paris. Espagnol, n°˚ 375 et 143, fol. 14 et 22; Bibl. de Bourgogne à Bruxelles, n° 12898; British Museum. Mss. Add. 20,848, fol. 65 et 76, etc. C'est à tort que M. de Gayangos dit que l'instruction du 4 mai 1543 se trouve dans Sandoval (*Catalogue of the mss. in the spanish language in the British Museum*, t. III, p. 316), il l'a confondue avec celle de 1548.

2. Ce nom n'a pas de chance; il a été altéré à peu près de la même façon (*Juvera* pour *Tavera*) dans une mauvaise édition des mémoires de D. Alonso Enriquez de Guzman (*Coleccion de doc. inéd. para la historia de España*, t. LXXXV, p. 409).

ssez lourdes [1] ; secondement, la provenance des minutes autographes vendues à Paris. A cet égard, rien de plus explicite que les déclarations de Maurenbrecher :

Me trouvant à Madrid, occupé de recherches sur l'époque de Philippe II, je voulus voir si les archives du ministère des Affaires étrangères *(Ministerio de Estado)* ne me fourniraient pas quelques documents importants sur cette époque. On m'accorda gracieusement l'autorisation de travailler dans ce dépôt. Sans doute, je n'y trouvai pas ce que j'y cherchais, mais j'y trouvai un volume de mélanges, parmi lesquels je reconnus aussitôt les instructions bien connues de Charles-Quint, c'est-à-dire les deux longues lettres autographes adressées par l'empereur à son fils, le prince Philippe, au moment où il s'apprêtait à quitter l'Espagne, en mai 1543. Il me sembla que l'intérêt que ces pièces présentent justifiait la peine que je pris de les copier soigneusement avec toutes leurs fautes de langue et d'écriture, toutes leurs corrections et additions [2].

Voilà qui ne souffre pas de réplique : les instructions autographes de Charles-Quint, vendues à Paris au commencement de 1899, se trouvaient vers 1863 au ministère d'État à Madrid, dans un recueil de mélanges où la première — la pièce même que j'ai copiée nous apprend — portait le n° 15, et en occupait les feuillets 46 à 57 [3]. Comment et quand ces pièces ont-elles quitté le dépôt où on les avait placées? Je n'ai pas à le rechercher; je remarquerai seulement qu'elles ne portent ni timbre ni aucune autre marque de propriété : leurs acquéreurs se trouvent donc par là à l'abri des réclamations, et ces précieux documents doivent être sans doute considérés comme définitivement perdus pour l'Espagne. Cela étant, il m'a paru que je pouvais en quelque mesure remédier à la disparition des lettres de l'empereur, en donnant au moins de celle que j'ai eu l'occasion de copier une reproduction fidèle avec quelques éclaircissements historiques indispensables.

L'original autographe de l'instruction du 4 mai 1543 se compose de douze feuillets, du format ordinaire des lettres de chancellerie, chiffrés, comme il a été dit, 46 à 57. Au haut du folio 46, on lit cette note d'une main de la fin du xvıᵉ ou du commencement du xvııᵉ siècle : « Carta original del Emperador Carlos 5° para su hijo cuya copia va adelante, » et, au verso du folio 57, ces deux annotations d'une main de la même époque : « N° 15, » et : « Cartas do emperador Carlos quinto para seu filho el Rey Nosso Sᵒʳ que esta em

---

1. Il serait trop long et bien inutile de les signaler toutes. Je n'en citerai que quelques-unes à titre de spécimen.

2. *Forschungen zur deutschen Geschichte*, t. III (Göttingue, 1863), p. 283.

3. Au surplus, l'Annuaire du ministère d'État signalait au public la présence dans ses archives de l'une au moins des deux instructions. Un exemplaire de la *Guia diplomática de España para el año 1865*, consulté par mon ami D. Antonio Rodriguez Villæ, cite, à la page 17, la *Carta reservadísima del Emperador á su hijo D. Felipe, fecha á 6 de mayo de 1543*, comme se trouvant dans les *Libros del Consejo de Estado*.

gloria. » Le fait que la dernière note a été rédigée en portugais indique soit que la réunion des deux pièces à d'autres papiers politiques a été l'œuvre d'un secrétaire portugais, soit qu'un Portugais quelconque a possédé pendant un temps les pièces en question.

Charles-Quint a écrit très vite les conseils qu'il destinait à son fils; en tout cas, la lettre du 4 mai présente des lapsus de plume et des négligences de style qui prouvent que l'empereur n'a pas pris le temps de se relire : la construction de ses phrases manque parfois de correction, et il lui arrive de commettre des fautes contre la grammaire, par exemple de confondre les formes de l'indicatif et du subjonctif des deuxième et troisième personnes du pluriel; il écrit *ays* pour *eys*, *an* pour *en*, ou l'inverse. N'ayant appris le castillan qu'assez tard[1], il pouvait n'être pas très ferré sur la grammaire et les règles d'orthographe. A la vérité, je lui fais peut-être tort, car il écrivait d'une façon peu distincte (l'*a* et l'*e* dans ses finales se confondent facilement), et ce que j'ai pris pour une faute grammaticale n'est peut-être le plus souvent qu'une faute d'écriture. Il y a des cas cependant où il semble bien avoir commis la première; par exemple : « Mandareys que no se *toca* en ella y que *sea* obseruada » (104), ou « donde fuere menester que los *fauorescan* y *buscan* » (108). Ici l'on ne peut admettre qu'il faille lire *e* pour *a* dans *toca* et *buscan*, ce qui donnerait *toce*, *buscen*, formes impossibles. Si l'empereur avait mis correctement le subjonctif, il aurait écrit *toque* et *busquen*; ne l'ayant pas fait, il est évident qu'il a uni contrairement à la grammaire un indicatif et un subjonctif. J'ai respecté scrupuleusement le système graphique de l'empereur, sauf pour ces formes verbales que j'ai cru devoir rectifier partout. Je n'ai pas fait la distinction de l's longue et de l's courte, et j'ai substitué à l'*r* initiale, écrite ici presque toujours *R*, le redoublement *rr*, usité, comme on le sait, dans beaucoup de documents de l'époque.

Quelques notes visent des personnages ou des faits mentionnés dans ces belles pages dont les historiens apprécieront, je l'espère. de posséder enfin le texte authentique.

Alfred MOREL-FATIO

Hijo, pues ya my partida destos rreynos se va allegando y cada dya veo quan forçosa es y que solo este rremedyo tengo para prouar que tal le podre dar en los cargos que Dyos me ha dado, y para que (pues tanto contra my voluntad y forçosamente he enpeñado y enpobrecydo la hazienda que os tengo de dexar, que por my culpa y por dexar de hazer lo que deuya y podya) no os dexasse menos herencia que de mis padres erede, he determynado de executarla, como en Madrid os lo dixe y a los de my

---

1. Sandoval dit que Charles-Quint « supo mal la lengua española hasta que fue hombre » (*Historia de Carlos V*, livre I, § 7).

5. *que por*. — Le *que* est à supprimer.

consejo, y de dexaros, como es rrazon, durante my ausencia en my lugar para que gouerneys estos rreynos. Y no enbargante que vuestra edad es poca para tan gran cargo, todauya se han visto algunos de no mayor edad que por su anymo, virtud y buena determynaçion se an mostrados tales que sus obras an sobrepuj[ado] su poca edad y experiençia.

Y asy, hijo, es necessaryo que os esforçeys y os encomendeys a Dyos para quel os fauoresca de manera que le podays seruyr en ello y juntamente ganar honra y fama perpetua, y a my vejes me deys tal rreposo y contentamyento que yo tenga muy mucha causa de dar graçias a Dyos de hauerme hecho padre de tal hijo.

Para este efecto, ante todas cosas, aueys menester determynaros en dos cosas; la una y prinçipal : tener sienpre a Dyos delante de vuestros ojos y ofreçerle todos los trabajos y cuydados que aueys de passar y sacrificaros y estar muy pronto a ellos; y lo otro : creer y ser sujetto a todo buen consejo. Con estas dos proposiçiones suplireys la falta de vuestra poca edad y esperiençia y la tomareys tal con el tienpo que, de aqui a poco, sereys bastante y capaz para gouernarlos bien y cuerdamente.

Y para que por my parte no dexe de daros la informaçion que yo supiere y entendyere de como en esta gouernaçion os aueys de guyar, os escriuo, hijo, esta carta, la qual podreys tomar por acuerdo y instruxion de lo que aureys de hazer en ella; y avnque no siento en my suffiçiençia para daros las reglas que conuyene, todavia conflo en Dyos quel me trayra la pendula de arte que os dire lo necessario y cosa que, sy lo hazeys, el se terna por seruydo de vos, y asy plega a el de endereçaros a este efecto.

Como dicho esta, le aueys de tener sienpre delante de los ojos; nunca os descuydeys de seruirle; seed deuoto y temeroso de ofenderle y amalde sobre todas cosas; seed fauoreçedor y sustentad su fe; nunca permytays que heregias entren en vuestros rreynos; fauoreçed la santa inquisiçion y tened cuydado de mandar a los ofiçiales della que vsen bien y rectamente de sus ofiçios y administren buena justiçia, y enfin por cosa del mondo no hagays cosa, ny por cosa que os pueda aconteçer, que sea en su ofensa.

Hijo, aueys de ser muy justiciero y mandad sienpre a todos los ofiçiales della que la hagan rrecta y que no se mueuan ny por afiçion ny por paçion, ny sean corruptibles por dadiuas y por ninguna otra cosa, ny permitays que en ninguna manera del mondo ellos tomen nada; y al que otra cosa hiziere mandalde castigar, y nunca conoscan los ministros della que por amor, afiçion, henojo o paçion os moueys, ny mandeys cosa que sea contra ella; y sy sentis algun enojo o afiçion en vos, nunca con esse mandeys executar justiçia, principalmente que fuesse crimynal; y aunquesta virtud de justiçia es la que nos sostiene a todos, emytanflo a nuestro señor que de tanta miserycordya vsa con nosotros, vsad della y mesclad estas dos virtudes de arte que la vna no borre la otra, pues de qualquiera dellas de que se vsase demasiadamente serya hazerla viçio y no virtud.

Aueys de ser, hijo, en todo muy tenplado y moderado. Guardaos de ser furyoso y con la furya nunca executeys nada. Seed afable y humilde. Guardaos de seguir consejos de moços ny de creer los malos de los viejos. Apartad de vos todo genero de gente deste arte y lisongeros y hvyd dellos como del fuego, porque son mas peligrosos y entran por muchas maneras, y por eso aueys de ser muy cauto en conocerlos, pronto y diligente en

9. vuestra edad. — Philippe II, né à Valladolid le 21 mai 1527, avait alors seize ans.

apartarlos de vos. Aueys de seruyros de buenos, allegarlos y fauoreçerlos
para que cada vno conosca que quereys a los buenos y aboresceys los malos.

Y para que mejor podays hazer todo lo suso dicho, yo os he dexado
aconpañado de todos los consejos que alla tengo y de mas de las ordenanças 60
que cada vno dellos tienen. Hagora con Couos les enbyo sus instruxiones,
donde les ordeno la manera que han de tener en aconsejaros y seruyros
durante esta my ausençia. Tanbien os traye Couos las instruxiones de como
con cada vno dellos os haueys de auer; y en esto, hijo, aueys de ser muy
dado a tomar los buenos consejos que os daran y seguyr las instruxiones 65
que para esso os enbyo, donde esta bien declarado muy particularmente
todo lo que en ello conuyene y se ofrece, y asy os rruego y encargo que
las siguays y guardeys y mandeys a todos ellos que las siguan y guarden.

Al consejo rreal encargareys, conforme a lo que en ellas esta contenydo,
que administren buena justicia y miren mucho por todo lo que tocare a 70
la buena gouernaçion del rreyno y que las leyes y ordenanças hechas sean

---

59. *lo suso dicho.* Maurenbrecher a lu *lo se ha dicho.*

61. *Couos.* — D. Francisco de Los Cobos, seigneur de Sabiote, Ximena, Recena,
Torres et Cañena, du Conseil d'État, *adelantado* de Cazorla et grand *contador* de
Castille (L. de Salazar, *Casa de Lara,* t. II, p. 624, 743 et 748). Charles-Quint faisait
grand cas des capacités de ce personnage, qui remplissait alors les fonctions de
premier ministre, et fermait les yeux sur ses défauts. Dans l'instruction secrète,
il veut bien admettre la probité relative du *contador* : « creo que no toma el cosa de
inportancia; » mais il constate que sa femme, Dª Maria de Mendoza, comtesse de
Ribadavia, moins scrupuleuse, le compromet gravement en acceptant des présents :
« Basta que unos presentes pequeños que hazen a su mujer le infamen. » Bernardo
Navagero (E. Albèri, *Relazioni degli ambasciatori veneti;* série I, t. I, p. 344-346) est
plus explicite. Après avoir fait le compte de sa fortune (soixante-dix mille ducats de
rente), loué son affabilité, puis « le maniere e la dolcezza di donna Maria di Mendoza
sua moglie, la qual intrattiene tutti con molta destrezza e gentilezza », il déclare sans
ambages que Cobos et Granvelle reçoivent de larges subventions de quiconque
négocie à la cour impériale et que l'Empereur le supporte : « Non vi è re, principe,
duca e signore privato alcuno che a loro non doni liberalmente e non li intertenga.
Lo sa il medesimo imperatore e lo comporta. » Et l'ambassadeur vénitien ajoute
tranquillement : « È certo gran felicità e grandissimo contento e soddisfazione di
chi desidera alcuna cosa aver modo e via d'acquistare il favore di chi gliela può fare. »
Certes! Francisco de los Cobos mourut le 10 mai 1547. L'oraison funèbre de l'histo-
riographe officiel Prudencio de Sandoval laisse percer quelque chose de l'opinion
exprimée par Navagero : « De lo que fue y valió con el Emperador, y la nobleza que
del ay oy dia en Castilla no tengo que dezir, pues à todos es notorio. Casò con Doña
Maria de Mendoza, hija del adelantado de Galicia, que biuda viviò y muriò en esta
ciudad de Valladolid santa y christianamente. Francisco de los Covos muriò con
algunas señales de dolor por dexar esta vida, que aunque es natural el apetito de viuir
entre todos los viuientes, amarga mucho mas y dolorosa es la muerte en los que con
abundancia gozan desta vida. Fueron muchos los bienes que tuvo este fiel ministro
de Su Majestad, pero no todos los que pudo, como an tenido otros con menores
seruicios en pocos dias, los quales no se lograran ny llegaran à la quarta generacion,
porque las cosas que apresuradamente crecen, con la mesma presteza se deshazen »
(*Historia del emperador Carlos V,* livre XXIX, § 39). En revanche, le confesseur de
Charles-Quint, Garcia de Loaysa, professait pour Cobos une admiration sans réserve :
« Siempre fui en que el secretario Cobos era el cofre de vuestra honra y de vuestros
secretos, que sabia cumplir vuestras negligencias a contentamiento de la parte y en
disculpa de su señor, el qual os ama con suma fidelidad y tiene una prudencia de
molde marauillosa; no gasta el seso en decir primores y agudezas como otros hazen
y nunca murmura de su amo, y es el mas bien quisto que sea hombre de los que en
el mundo conocemos » (*Cartas al emperador Carlos V escritas en los años de 1530-32
por su confesor,* publié par C. Heine; Berlin, 1848, p. 19).

muy bien guardadas y conplidas y que no ynouen, ny permitays ser
ynouado las que a my partida mande hazer para euytar los interdichos y
cessaçiones a dyuynis sin grande y vrgente causa y escusar los abusos en
5 que en estas y semejantes cosas vsan por parte de la sede apostolica : todauya
tenyendole sienpre todo el rrespecto y acatamiento que, sin permityr los
dichos abusos ny contradezir a las leyes del rreyno, conuyene y es justo
que se le tenga y mas en estos tienpos que tan desfauorecyda esta de muchos.

Las cosas que de las consultas que hizieren rresultaran ya en las in-
10 struxiones esta declarado como las aueys de myrar con el cardenal de Toledo,
presidente, y Couos, y en esso lo executareys asy tratando a cada vno
dellos, segun la calidad y autorydad de sus personas y confiança que yo
hago dellos, encargandoles que con mucha conformydad os aconsejen lo
que conuyene sin ningun rrespecto, paçion ny confusion.

15 Lo del estado lo comunycareys y tratareys como y con las personas
contenydas en vuestra instruxion y hareys con ellos y les encargareys lo
mismo, y que sienpre entre todos ellos aya mucha conformydad.

En las cosas de la guerra vsareys, como dicho es en ellas, y porque he
echo el duque Dalua capitan general, le fauorecereys, honrareys y crereys,
20 porque soy cierto que entiende y vsara bien deste cargo.

Del consejo de las Indyas hareys lo mismo y mandareys que las ordenanças que postreramente hize sean bien guardadas y executadas.

80. *cardenal de Toledo*. — D. Juan Pardo de Tavera fut nommé en 1524 à la
présidence du Conseil de Castille, qu'il exerça quinze ans. Entre temps, il avait
été successivement évêque de Ciudad Rodrigo, de Léon et d'Osma, archevêque de
Compostelle, créé cardinal du titre de Saint Jean Porte Latine (1531) et pourvu enfin
de l'archevêché de Tolède (1534). En 1539, il demanda à être déchargé de la présidence du Conseil : Charles-Quint le nomma alors grand inquisiteur. et *governador de
los reynos*, charges qu'il conserva jusqu'à sa mort (1ᵉʳ août 1545) avec l'archevêché de
Tolède (Dʳ Pedro de Salazar y Mendoza, *Chronico de el cardenal Don Juan Tavera*,
Tolède, 1603).

81. *presidente*. — Le président du Conseil de Castille, D. Hernando de Valdes,
évêque d'Orense, puis d'Oviedo, de Léon et de Siguenza, président de la chancellerie
de Valladolid, remplaça D. Juan Tavera à la présidence du Conseil de Castille
en 1540. En 1546, il fut promu à l'archevêché de Séville et nommé grand-inquisiteur.
Il mourut à Madrid le 9 décembre 1568, à l'âge de quatre-vingt-cinq ans; voir
sa biographie dans l'*Historia del colegio viejo de S. Bartolomé de Salamanca* de D. Francisco Ruiz de Vergara, éd. du marquis d'Alventos, Madrid, 1766, t. I, p. 256 à 273.
L'instruction secrète ne lui reconnaît pas de grandes capacités : « El presidente es
buen ombre; no es, a lo que yo alcanço, tanta cosa como serya menester para un tal
consejo... mejor era para una chancilerya... »

89. *el duque Dalua*. — D. Fernando Alvarez de Toledo, *le Grand*, troisième duc d'Albe,
grand maître de la maison de l'empereur, mort à Lisbonne le 11 décembre 1582.
Charles-Quint n'aimait pas à ouvrir aux grands les conseils et à leur donner une part
importante dans la direction des affaires : « De ponerle a el (le duc) ni a otros
grandes muy adentro en la governacion, os habeys de guardar, » dit l'instruction
secrète; mais, d'autre part, l'empereur savait estimer les talents militaires et politiques du duc d'Albe : « En lo demas que el enpleo, en lo destado y de la guerra,
servyos del y honralde y favorecelde, pues que es el mejor que hagora tenemos
en estos reynos. »

91. *ordenanças*. — Les *Nuevas leyes*, publiées à Barcelone le 20 novembre 1542, et
où furent appliquées quelques-unes des idées humanitaires si énergiquement
défendues par le P. Las Casas (A. M. Fabié, *Vida y escritos de Fray Bartolomé de
Las Casas*, Madrid, 1879, t. 1, p. 156 et suiv).

92. *executadas*. — Maurenbrecher lit *exercitad.*

De ordenes, lo mismo.

Del de la inquisicion, ya esta dicho.

A los alcaldes mandareys que tengan cuydado de la justiçia y es neces- 95
saryo que les deys sienpre todo fauor.

A todos ellos mandareys guardar mucho la libertad entre todos para que
sus botos sean libres, y estad sobre auyso que los consejeros no se obliguen
por amistad en otras cosas que no conuyniesse ny ha hazerse parciales y
apaçionados. 100

A la camara le mandareys que vsen conforme a sus instruxiones sin que
las estiendan en nada.

En lo de la hazienda he mandado hazer vna instruxion de lo que hay
y de lo que conuyene gastar. Couos la lleua. Mandareys que no se toque
en ella y que sea obseruada y executada. Y porque esto de la haziedan 105
es hagora el principal y mas importante negoçio que yo tengo y de donde
se puede receuir gran daño o prouecho a mys negoçios, vos los fauorecereys
y mandareys, en todas partes donde fuere menester que los favorescan y
busquen y entiendan, en todos los medyos por donde ella podra ser aproue-
chada y mis negoçios socorridos. 110

De lo demas que a essos consejos y otros tribunales ay que dezir, rremy-
tome a las instruxiones que os enbyo, porque son muy largas, y terneys
especial cuydado de mandarles tomar cuenta y saber como lo hazen, y
mandareys sienpre a las chançeleryas que administren buena y breue
justiçia. 115

Aueys de tener muy gran cuydado en mirar que se nonbren muy
buenos corregidores, y pues los aueys de nonbrar con pareçer del cardenal,
presidente y Couos, les encargareys que lo tengan especial de aconsejaros
bien en ello y al presidente y consejo rreal ordenareys que se desuelen en
tomar bien las rresidencias, y en este caso tanbien terneys gran cuydado 120
que lo que yo digo en vuestras instruxiones sea muy bien conplido y
executado.

Tanbien por ellas doy la orden que aueys de tener en el firmar, que es
que las cartas y prouysiones ordynaryas vayan señala[da]s cada vna del
consejo donde dependyere. No me pesara quel cardenal de Toledo estuuyera 1"5
presente quando firmarades. Pareçiole, con solo estar presente, que no
podya dar buena cuenta dello. No me pareçio cosa justa que, pues vos
firmauades, que vuiesse otra señal general que la vuestra. Por eso de las
otras cartas misyuas y de otras que se podran ofreçer, he mandado a
Couos que tenga cuydado de verlas antes que os las traygan a firmar, y 130
el os auyse de las dificultades que vuyere. Vsareys dello en esta conformydad
y encargarleeys que tenga gran cuydado de que no os trayga ny passe cosa
que no conuyniesse; y sy en alguna de las que os truxiesse, tuuyessedes
algun escrupulo, os podreys informar de don Joan y de otros que os

93. *De ordenes.* — Maurenbrecher : *dellas ordenes.* Il n'a rien compris à ce passage.
Les *ordenes* désignent ici le Conseil des ordres militaires.

101. *camara.* — Le Conseil de la chambre, section du Conseil de Castille.

134. *don Juan.* — D. Juan de Zuñiga, fils puîné de D. Pedro de Zuñiga, deuxième
comte de Miranda et de Dª Catalina de Velasco. Par son mariage avec Dª Estefanía de
Requesens, il devint seigneur des baronnies de Martorell, Molins de Rey, Sant
Andreu, etc., en Catalogne (Lopez de Haro, *Nobiliario de los reyes y titulos de España*,
Madrid, 1622, t. I, p. 446-448). Créé conseiller d'État et grand commandeur de
Castille dans l'ordre de Saint-Jacques, il remplit auprès du prince Philippe la

135 pareçyere para que os digan lo que conuynyere. Guarde os mucho de no
firmar cartas particulares en las chançeleryas ny otros tribunales de justiçia
en rrecomendacion de las partes, porque sabed que, para hazer mal, muchas
vezes toman el rruego del rrey por mando, y, para hazer bien, no todos
obedeçen a sus mandamientos. Tanbyen os guardareys de no escreuyr ny
140 encomendar de palabra a nady cosa particular, sy no quereys despues
pagarlo con las setenas. Tanbien guardaos mucho de no dar ny de palabra
ny por escrito promesa de cosa de poruenyr ny espectatiua, pues ordynarya-
mente no se sygue buen sucesso de anticipar al tiempo en cosas semejantes.
    He ordenado aqui el consejo de Aragon y tanbien se os haran instru-
145 xiones sobre la gouernacion de los rreynos dessa corona y sobre la manera
del firmar, a lo qual me remyto y vsareys conforme a lo contenydo en
ellas y a lo susodicho. Saluo os auyso ques necessaryo que en ello seays
muy sobre auyso, porque mas presto podryedes herrar en esta gouernaçion
que en la de Castilla, assy por ser los fueros y constituciones tales, como
150 porque sus paçiones no son menores que las de otros y osan las mas mostrar
y tienen mas desculpas y ay menos manera de poderlas aueryguar y
castigar.
    A los obispos mandareys rresydir en sus yglesias el mas tienpo que ser
pudyere, y a los que tienen cargos inexcusables, el que les esta señalado
155 por la ordenança que dello tengo hecho.
    Bien se que no es necessaryo encomendaros que tengays cuydado del
seruyçio y buen tratamyento de la rreyna my señora, pues la rrazon os
obliga a ello, y tanbien estoy çierto que los que la siruan le ternan. Todauya
os lo acuerdo que le tengays y encomendeys a los que menester fuere que
160 lo tengan.
    Otro tanto digo en lo de vuestras hermanas mis hijas, porque veo quanto
las quereys y con razon, y por eso digo, de mas que porque me huelgo
que sean criadas con el recogimiento que estan, que con el deseo de verlas
y ellas a vos y a vuestra mujer que essas visitaçiones sean moderadas y que,
165 quando ally fueredes, no os trateys con ellas syno como onbre y con las
maneras onestas que conuyene, y que, quando vos o vuestra mujer os
juntaredes con ellas, no aya mas soltura ny entrada de galanes que hasta
aquy, y que en todo aya la reformaçion que conuiene, y para ello no es
muy necessaryo enbyar muchas vezes locos en enbaxadas ny visitas.
170   De las fronteras y cosas de guerra aueys de mandar que se tenga gran

charge de gouverneur et de grand-maître de sa maison. Charles-Quint professait
une haute estime pour son caractère un peu entier et rude, mais d'une fidélité
à toute épreuve : « No podreys tener mejor ni mas fiel consejero que don Joan, » dit
l'instruction secrète. Ce bon serviteur de l'empereur et du roi mourut à Madrid
le 27 juin 1546.
    143. *no se sygue.* — Maurenbrecher : *no ha siempre.*
    147. *Saluo.* — On s'attendrait à *Solo.*
    157. *la Reyna.* — La reine Jeanne, mère de Charles-Quint. Comme le remarque
Gachard, cette recommandation détruit certaines accusations portées contre l'empe
reur par des historiens modernes.
    161. *mis hijas.* — Dª Maria, née à Madrid le 21 juin 1528, qui épousa plus tard
l'empereur Maximilien II et mourut à Madrid le 26 février 1603, et Dª Juana, née
à Madrid le 24 juin 1535, mariée en 1552 au prince João, fils du roi Jean III de
Portugal, et qui, après la mort de son mari en 1554, se retira à Madrid où elle fonda
le couvent des Descalzas reales ; elle mourut à l'Escorial le 7 septembre 1573.
    169. *locos.* — Des fous de cour dont il sera encore parlé plus bas.

cuydado, y vos le terneys en que se consuman (?) las capitanyas que vacaren y se metan en las otras.

Dareys, hijo, las audyenҫias necessaryas y sereys blando en vuestras rrespuestas y paҫiente en el oyr, y tanbien aueys de tener oras para ser entre la jente visto y platicado.   175

Esta cosas son, hijo, las que quanto al gouyerno destos rreynos se me ofreҫe deziros, y avnque ay algunas de las que tocan al gouyerno de vuestra persona, todauya faltan otras que aquy abaxo dire y que os rruego y encargo mucho que tengays todo cuydado de executarlas, porque soy cierto que, sy asy lo hazeys, que os hallareys muy bien dello.   180

La primera es que aueys ya de pensar que os hazeys onbre y con casaros tan presto y dexaros yo en el gouierno que os dexo, antiҫipays mucho el tienpo de serlo, antes que por uentura vuestra corpulenҫia y edad lo requieren. Plega a Dyos que del entendymiento, pues el os lo ha dado tal, os oprouecheys y ayudeys de arte que con el hagays tales obras que suplan 185 vuestra poca edad.

Como os dixe en Madrid, no aueys de pensar quel estudyo os hara alargar la niñez, antes os hara creҫer en honrra y rreputacion tal que, avnque la edad fuesse menos, os ternyan antes por onbre, porque el ser onbre tenprano no esta en pensar ny quererlo ser ny en ser grande de 190 cuerpo, syno solo en tener juyzio y saber con que se hagan las obras de onbre y de onbre sabyo, cuerdo, bueno y onrrado, y para esto es muy necessaryo a todos el estudyo y buenos exemplos y platicas; y sy a todos es necessaryo, pienso, hijo, que a vos mas que a nady, porque veys quantas tierras aueys de señorear, en quantas partes y quan distantes estan las vnas 195 de las otras y quan diferentes de lenguas : por lo qual, sy las aueys y quereys gozar, es forҫoso ser dellos entendydos y entenderlos, y para esto no ay cosa mas necessarya ny general que la lengua latyna. Por lo qual, yo os rruego mucho que trabajeys de tomarla de arte que, despues de corrido, no os atreuays a hablarla, ni serya malo tanbien saber algo de la fransesa, 200 mas no querria que, por tomar la vna, las dexassedes entranbas.

Tanbien, hijo, aueys de mudar de vida y la communicacion de las personas. Hasta hagora todo vuestro aconpañamiento han sydo niños y vuestros plazeres los que entre tales se toman. Daqui adelante no aueys de allegarlos a vos syno para mandarles en lo que han de seruyr. Vuestro 205 aconpañamiento principal ha de ser de onbres viejos y de otros de edad rrazonable que tengan virtudes y buenas platicas y exenplos, y los plazeres que tomareys sean con tales y moderados, pues mas os ha hecho Dyos para gouernar que no para holgar. Todauya, segun vuestra edad, es justo que los tomeys a rratos y moderadamente, syn todauya dexar por ellos de 210 entender en los negoҫios, y asy, quando los querreys tomar, sera muy bien que sienpre tomeys consejo y deys parte a las personas que cabo vos estuuyeren, para que conforme al tienpo, sazon y los negoҫios permityeren, los tomeys y holgueys; y en esto, como en todo lo demas, estoy bien ҫierto que, vsando del de don Joan de Zuñiga, no os los quitara, quando sea 215 tienpo, ny os dira que os enpleeys en ellos quando no lo fuere, como por ventura otros muchos que para lisonjearos y traeros a sus voluntades nunca

194. *pienso*. — Maurenbrecher : *piensad*.
196. *lenguas*. — Maurenbrecher : *lugares*.

entenderan syno en diuertiros en plazeres, asy en justas, torneos, juegos de
cañas, cazas, como en otras cosas por ventura aon peores, de que aueys de
220 estar muy rrecatado y gardaros dello en todo caso; y en quanto no hareys
tanto caso de locos, como mostrays tener condiçion a ello, ny permityreys
que no cayan a vos tantos como cayan, no sera syno muy bien hecho.

Hijo, plaziendo a Dyos, presto os casareys y plega a el que os fauoresca
para que viuays en esse estado como conuyene por vuestra saluaçion y que
225 os de los hijos quel sabe seran menester; mas porque tengo por muy çierto
que me aueys dicho verdad de lo passado y que me aueys conplido la
palabra hasta el tienpo que os casaredes, no poniendo dudà en ello, no
quiero hablar syno en la exortaçion que os tengo de dar para despues de
casado, y es, hijo, que, por quanto vos soys de poca y tierna edad y no tengo
230 otro hijo sy vos no, ny quiero auer otros, conuyene mucho que os guardeys
y que no os esforçeys a estos prinçipios de manera que rreçybyessedes daño
en vuestra persona, porque demas que esso suele ser dañoso, asy para el
creçer del cuerpo como para darle fuerças, muchas vezes pone tanta flaqueza
que estorua ha hazer hijos y quita la vida, como lo hizo al prinçipe don
235 Joan, por donde vyne a heredar estos rreynos.

Çierto es que no os caso con estos fynes syno para todo lo contraryo, y
myrad que incouenyente serya sy vuestras hermanas y sus maridos os
vuyessen de heredar y que descanso para mi vejes: por eso os aveys mucho
de guardar quando estuuyeredes cabo vuestra mujer, y porque eso es algo
240 dificultoso, el rremedyo es apartaros della lo mas que fuere possible, y assy
os rruego y encargo mucho que, luego, que aureys consumydo el matri-
monyo, con qualquier achaque os aparteys y que no torneys tan presto
ny tan amenudo a verla, y, quandò tornaredes, sea por poco tienpo; y para
que en esso no aya falta, avnque ya de aquy adelante no aueys menester
245 ayo, quiero que en este caso solo lo sea don Joan, y, conforme a lo que os
dixe en su presençia, no hagays en ello syno lo quel os dixere, y por esta

---

218. *justas.* — Maurenbrecher : *festas.*

223. *plaziendo.* — Maurenbrecher : *plegando.*

223. *presto os casareys.* — Le mariage du prince Philippe avec Dᵃ Maria, fille de
Jean III de Portugal, et celui de Dᵃ Juana avec le prince de Portugal furent officiel-
lement publiés le jour de Noël 1542 (Jean de Vandenesse, dans la *Collection des
voyages des souverains des Pays-Bas,* Bruxelles, 1874, t. II, p. 251), mais le premier
ne fut consommé qu'au mois de novembre 1543 (Sandoval, *Historia del emperador
Carlos V,* livre XXVI, § 1 à 3, et *Memorial histórico de la R. Acad. de la Historia,* t. X,
p. 529). L'infante portugaise avait quatre mois de plus que le prince Philippe.

230. *otro hijo sy vos no.* — La note de Maurenbrecher montre qu'il n'a rien compris
au passage ni à la tournure *sy vos no.*

234. *prinçipe don Joan.* — Aveu fort intéressant et qui confirme les révélations de
Pierre Martyr sur les causes de la mort prématurée du prince D. Juan, fils des rois
catholiques Ferdinand et Isabelle, marié à Marguerite, fille de l'empereur Maximilien. Les médecins et le roi Ferdinand avaient conseillé la séparation des deux jeunes
époux, mais la reine Isabelle s'y opposa, ne voulant pas séparer ceux que Dieu avait
unis : « Hortantur medici Reginam, hortatur et Rex, ut a principis latere Margaritam
aliquando semoveat, interpellet. Inducias precantur. Protestantur periculum ex
frequenti copula ephebo imminere; qualiter eum suxerit, quamve subtristis incedat,
consideret iterum atque iterum monent; medullas laedi, stomachum hebetari se
sentire Reginae renunciant. Intercidat, dum licet, obstetque principiis, instant. Nil
proficiunt. Respondet Regina, homines non oportere, quos Deus jugali vinculo
junxerit, separare. » (Cité par Prescott, *History of the reign of Ferdinand and Isabella,*
Londres, 1866, t. II, p. 61.)

le mando que en aquello, avnque os enojasse, no dexe de dezir y hazer
todo lo que en el fuere para que asy lo hagays; y os rruego, hijo, que no
os enojeys con el ny tomeys a mal lo quel hiziere, y para no venyr en eso,
os rruego que con sola su administraçion y consejo le hagays de manera 250
que yo quede contento y satisfecho dello.

Asy tengo ordenado al duque y duquesa de Gandya que hagan lo mismo
con la prinçesa my hija quando estuuyeren con ella y la tengan apartada
de vos syno a los tienpos y rratos que para vuestra vida y salud se podra
çufrir, y assy os rruego y encargo mucho que, en quanto me quereys dar 255
todo contentamiento, que lo hagays asy y, por cosa que os digan, no
hagays otra. Mas porque estoy çierto que muchos por sus intereçes y por
contentaros y conplazeros os diran sobre ello mil neçedades, vnos para
inçitaros que esteys con ella y otros por ventura, estando ausente, para
meteros en otras cosas que seryan muy malas, yo os rruego, hijo, que se 260
os acuerde de que, pues no aureys, como estoy çierto que sera, tocado a
otra mujer que la vuestra, que no os metays en otras vellaqueryas despues
de casado, porque serya el mal y pecado muy mayor para con Dyos y con
el mundo, y demas de los desasosiegos y males que entre vos y ella se
podrian seguyr dello, serya mucho contra el efecto porque os aparto della; 265
y por eso tened constançia y firmesa para rresistir y perseuerar en essa
buena intençion, que soy çierto teneys hechado desdel prinçipio todo genero
de platica y presonas que a esso os podrian inçitar y mouer, y con hauer
hechado dos, sobre my que no tornara el terçero.

Aueys, hijo, de encargar mucho a vuestros ofiçiales y a los de vuestra 270
mujer que aya gran conformydad entre ellos, y en gran manera deueys de

252. *duque y duquesa de Gandya.* — D. Francisco de Borja, marquis de Lombay,
venait de succéder à son père D. Juan dans le duché de Gandia. Nommé vice-roi
de Catalogre en 1540, Charles-Quint en 1543 lui donna la charge de grand-maître,
et sa femme, Dª Eleonora de Castro y Meneses († 1546), celle de *camarera mayor*
de la princesse Marie (Juan Eusebio Nieremberg, *Vida del B. Franscisco de Borja*,
Madrid, 1644, livre I, ch. 22); mais ni l'un ni l'autre n'exercèrent. Au mois de
novembre 1543, ce fut la duchesse d'Albe qui remplit auprès de la princesse les
fonctions de *camarera mayor* (Cabrera, *Historia de Felipe II*, livre II, ch. 2). On sait
que ce Borja entra en 1551 dans la Compagnie de Jésus, dont il devint le troisième
général en 1564; il mourut le 1ᵉʳ octobre 1572. Béatifié en 1624, il fut canonisé le
21 avril 1671.

257. *muchos por sus intereçes,* etc. — Parmi ces courtisans, il faudrait, d'après l'instruction secrète, comprendre Cobos : « Bien creo que trabajara de granjearos como
todos lo haran, y como ha sydo amygo de mujeres, sy vyesse voluntad en vos de
andar con ellas, por ventura antes ayudarya que estorvarya : guardaos dello, pues
no os convyene. »

269. *con hauer echado dos.* — Je ne sais pas quels sont ces personnages que l'empereur félicite le prince d'avoir fait chasser de sa maison. Ils devaient ressembler à
cet étrange aventurier D. Alonso Enriquez de Guzman, protégé, à ce qu'il dit, de
la femme de Cobos, et qui lui aussi vécut dans l'intimité de Philippe et de ses sœurs.
Le chapitre LXI de ses mémoires est intitulé : « Como fué el Principe á ver á las
señoras infantas, sus hermanas, de Madrid á Alcalá y como me llevó consigo y me
favoreció. » D. Alonso prétend qu'en 1542 le prince, apprenant qu'il devait accom-
pagner Cobos en Aragon, lui tint ce discours : « D. Alonso, yo he por bien que vais
con Dª Maria de Mendoza, la Excelente, porque es razon; mas pues no ha de partir
tan aina, ios á estar comigo ocho dias, que tengo de estar con mi hermana. Y esto
quiero que sea con su licencia y voluntad. » D. Alonso, naturellement, obéit. « Lo
cual se efectuó y fuí con S. A., y todos estos ocho dias estuve con el y con sus
hermanas y sus damas jugando y holgando yo solo con ellas. » (*Coleccion de docu-*

mandar que lo que vos y ellos por vuestro mandado ordenaren, en lo quel
marydo ha de mandar a la mujer y a los suyos, seays y ellos obedeçydos.
En lo que tocare al seruiçio, buena orden y encorramiento de la casa, aueys
275 de dar todo fauor y calor a sus ofiçiales para que hagan todo lo que para
ello fuere necessaryo, y en esso tener mucho la mano y mandarles que no
hagan otra cosa, y para este efecto no conuyene dar mucho credyto ny
entrada ny mensajeryas a locos.

Y generalmente, hijo, os rruego y encargo mucho que en todo lo suso
280 dicho hagays y syguays la orden que en ello os doy, y porque sç que faltan
muchas otras cosas que dezir y ques inposible acordarse de todo y que
tanbien, como se dize, ay sienpre mas casos que leyes, conuyene que, asy
en los que demas y nueuamente se podryan ofreçer y en el entendymiento
destos dichos, lo hecheys sienpre a la mejor parte y con vuestra virtud y
285 buen juyçio endereçeys y acreçenteys sienpre todas cosas en virtud y bondad
y que no seays negligente en las cosas que aureys de hazer; y porque avn
los viejos han menester quien los despierte y acuerde muchas vezes lo que
conuyene y que en caso proprio no ay quien no ha menester consejo, os
rruego, hijo, que en todo lo susodicho y en lo demas que se podra ofreçer
290 tengays a don Joan de Çuñiga por vuestro relox y despertador y que seays
muy pronto a oyrle y tanbien en creerle. Y asy, hijo, en las cosas quel viere
conuenyr avisaros, le mando por esta que lo haga, y sy algunas vezes por
descuydo vuestro fuesse menester quel hiziesse instançia sobre ello, tanbien
se lo mando, porque quando el sueño es pesado, algunas vezes es menester
295 que quien despierta sea con pesadonbre; mas essa bien se que no la terneys,
pues tener estos despertadores es lo que emos mas menester todos. En las
cosas de todo genero de negoçios donde prinçipalmente estuuieredes confuso
y inrresoluto, os podeys aconsejar del y encargarle que lo haga con la fe
y amor que soy çierto el hara, y no os hallareys mal de su consejo. En todas
300 las otras cosas, doy a ca[da] vno su orden, y porque veys la confiança que
yo hago de Couos y la esperyençia quel tiene de mis negocios y questa mas
informado y tiene mas platica dellos que nady, tanbien en ellos y en las
cosas que os pareçiera tomar su informaçion y consejo, lo tomeys. Tanbien
teneys el obispo de Cartajena, ques de la virtud y buena intincion que todo

mentos inéditos para la historia de España, t. LXXXV, p. 401.) Si D. Alonso ne se
vante pas, on conçoit que le besoin se fît sentir d'épurer l'entourage de l'héritier de
la monarchie.

269. *sobre my que.* — Cette expression, qui signifie « je prends sur moi, je suis cer-
tain », revient aussi dans l'instruction secrète : « Sobre my sea que no podreys tener
mejor ni mas fiel consejero que don Joan.'»

290. *vuestro relox y despertador.* — Voilà deux expressions que l'empereur a certai-
nement empruntées à son prédicateur, le célèbre évêque de Mondoñedo, Antonio
de Guevara. *Relox de principes* est le titre d'un complément de son *Marco Aurelio*
et *Despertador de cortesanos* celui d'un autre écrit du même auteur qu'il dédia à
D. Francisco de Los Cobos.

304. *obispo de Cartajena.* — D. Juan Martinez Siliceo (ce dernier nom est la latini-
sation de Guijarro ou Pedernales), précepteur du prince Philippe, son professeur de
latin et son confesseur. Il fut nommé évêque de Carthagène en 1541, archevêque
de Tolède en 1546, créé cardinal du titre de Saint Pancrace en 1555 et mourut le
31 mai 1557 (Marquis d'Alventos, *Historia del colegio de San Bartolomé de Salamanca*,
t. I, p. 281 et suiv.). Dans l'instruction secrète, l'empereur en parle beaucoup moins
favorablement qu'ici : «El obispo de Cartagena conoceysle y todos le conocemos por
muy buen hombre; cierto que no ha sydo ny es el que mas os convyene para vuestro
estudyo. Ha deseado contentaros demasiadamente : plegue a Dyos que no aya sido
con algunos respectos particulares, » etc.

saben, al qual encargareys que haga lo mismo, principalmente en las cosas 305
que fueren de su professyon, y asy podreys leer esta carta o instruxion, sy
asy os pareçyere, tambien delante del obispo, para que cada vno dellos en
su calidad y oficio os acuerden y supliquen todo lo que vieren conuenyr
al buen effecto della y a my contentamiento y a vuestra honrra, bien y
seruicio. Y os de Dyos, hijo, buen entendymiento, voluntad y fuerças para 310
enplearos en ellas de arte y hazer tales obras que el sea seruydo y vos
merescays despues de largos dyas su parayso, el qual le suplico que os de
con la prosperidad que os desea vuestro buen padre.

                                                                Yo el rey.

Hecha en Palamos a quatro de mayo 1543.   315

Hijo, esta carta o instruxion que os escriuo es la que toca a la buena
gouernacion de vuestra person[a y a la] que aueys de ten[er en] el gouyerno
destos rreynos y como aveys de vsar de las generales y particulares que os
enbyo, la qual os presentara don Joan de Cuñiga y leer la eys en su presençia
para quel tenga cuydado de acordaros las cosas en ella contenydas todas 320
las vezes quel vyere que fuere menes[ter].

www.ingramcontent.com/pod-product-compliance
Lightning Source LLC
Chambersburg PA
CBHW060716280326
41933CB00012B/2451